시간의 경작

시간의 경작

이기행 시집

도서출판 천우

● 시인의 말

사람은
자기를 사는 사람
대신 사는 사람
위하여 사는 사람이
있다
그 모든 사람이
하고 싶어 하는 말을
잘 듣고
드러내는 사람이
시인이라 여겨진다
시인은
하늘이 낸 사람이라고 했다
그에 걸맞은 삶을
잘 살아낼 수 있을까?
사람뿐 아니라
자연과 생물
우주까지도
하고 싶은 말이
있을 것 같다

숨기워진 것
가리워진 것들을
시로 다듬어
조금 시원케 하는
사람으로 살고 싶다는 생각을 했다
비록 소소한
일상을 노래할지라도.
김천우 이사장님과
문학세계 식구들께
감사를 드립니다♣
모든 영광은 하나님의 것입니다!!
받으소서♣

2025년 7월 끝 날에
찬양 뜨락에서

이기행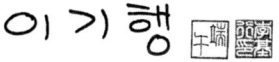

제1부

나는 나라서 내가 좋아

● 시인의 말

깊은 그리움 _ 13
왠지 _ 14
거절 _ 15
본분 _ 16
알간 모르간 _ 17
거짓말 _ 18
김 _ 19
자존감 _ 20
성공은 _ 22
가스라이팅의 시발점 _ 23
슬픈 사람에게 _ 24
이데아 _ 25
고독 _ 26
어쩌시렵니까? _ 27
전혀 새로운 _ 28
병 _ 29

가장 중요한 건 _ 30
치매 _ 32
안달과 느긋 _ 33
괜찮다!! _ 34
이별 _ 35
사랑을 보다 _ 36
심오 _ 37
지극한 사랑 _ 38

제2부
누구를 위해 살고 있나요

아이라 해도 __ 41

내 엄마 __ 42

관심 __ 44

소문 __ 45

당신과 함께 __ 46

가난한 사람들 __ 47

그지 발싸개 __ 48

모피코트 __ 50

귀함 __ 51

연통 __ 52

하수 __ 53

소인배 __ 54

시인 __ 55

거지 왕자와 왕자 거지 __ 56

천상 법정 __ 58

나라도 __ 59

어르신들을 보면 __ 60

모두 하구 __ 61

그랜드 슬램 __ 62

넘어 섬 __ 63

생명 다함 __ 64

누구를 위해 __ 65

바보 __ 66

취향 __ 67

한밤중 __ 68

제3부

함께 만날 생각에 너무 좋아서

재산 _ 71

동작 _ 72

너와 나 _ 73

바른 길 _ 74

삶의 이유 _ 75

발톱깎기 _ 76

가난이 아프다 _ 78

흔쾌 _ 79

명절 _ 80

틱쿤올람 _ 81

그곳을 향해 _ 82

딱지 _ 84

외로운 날에 _ 86

간식 _ 87

세월 _ 88

시간 _ 89

머무름 _ 90

차례상 _ 91

새로운 문화 _ 92

둘이라면 _ 94

이름 _ 95

힘 _ 96

눈곱 _ 97

대치 _ 98

도움 _ 100

제4부
찬란한 빛들의 잔치

연탄난로 _ 103

자꾸만 물은 _ 104

종이 _ 105

영혼 _ 106

별 _ 107

이어도 _ 108

밥 냄새 _ 109

연유 _ 110

그슬린 나무토막 _ 111

아름다운 것들 _ 112

프리즘과 빛 _ 113

대나무 _ 114

꽃 _ 116

주전자 _ 117

빗소리 _ 118

세상을 아름답게 _ 119

사색 _ 120

고라니 _ 121

풀 _ 122

하늘을 나는 새 _ 123

사과 _ 124

매미의 노래 _ 126

산 _ 128

제5부

마음 근육을 키우다

지극한 사치 __ 131

친구 __ 132

눈 __ 134

시를 짓다 __ 136

기적 __ 137

아마추어 냄새 __ 138

창작의 산실 __ 140

매진 __ 141

즉흥시 __ 142

시안고 __ 143

여럿이서 __ 144

시의 제목 __ 146

작품 앞에서 __ 148

황혼의 놀이 __ 149

빈티지 가게 __ 150

식탁 __ 152

숙제 __ 153

운동 __ 154

아침햇살 __ 155

터득 __ 156

사색 쇼핑 __ 157

꿈 __ 158

집 __ 159

제1부

나는 나라서 내가 좋아

깊은 그리움

깊은 그리움의 정취
장상사와
장상수
금과
피리
감히
엿보다
그리움이
뭉글뭉글
피어오르던 날

왠지

정신의 산소 공급을 하고 싶다
원하는 게 생겼으므로
왠지

거절

아닌 건 아냐
아닌 건 아니야
아닌 건 아니라니까
아닌 건 아냐

아무리
생각해 보아도
아닌 건 아냐

본문

뱁새는
황새를 따라갈 수가 없지
뱁새로 족한
자기만의 시간 조절법을
가져야지
뱁새라도
황새 때문에 기죽을 필요는 없지
뱁새로 족할 줄을 알아

알간 모르간

착함은
착함을 알아보고
선함은
선함을 알아보고

잘못 하는 이
보고 있으면
가슴이 먼저
시리다

욕심내지 마라
허황된 것 품지 마라
그게 결국은
병이 되고
화근이 되는 걸

알간
모르간

거짓말

거짓말하지 않으면
평생이 편해
왜냐하면
잔머리 굴리지 않아도 되니까
잔머리처럼
피곤하게 하는 게 없지

잔머리 굴리는 건
보여
거짓말도
언젠간 보여
들통나게 마련이지

비겁하잖아
너무 창피하잖아
그냥
정직하게 살아라
평생
편하게시리

김

슬픈 사람은 슬픔을 끌어당 김
기쁜 사람은 기쁨을 끌어당 김
가난한 사람은 가난을 끌어당 김
부유한 사람은 부유를 끌어당 김

자존감

나는
나한테
화내는 사람이 싫어
명령하는 사람은 더 싫어
나는 그래
그냥 그래

나한테
퍼붓는 사람은 더더욱 싫어
다시는 안 만나
다른 사람이 내게
사차원이라 해도 어때
그게 나인걸
이대로 지금까지
불편 없이 살았는걸

어쩜 나 땜에
불편했던 사람들이
많았었는지 모르지
그래도 어쩔 수 없어

나는 나니까
나는 나라서
내가 좋아
나는 나라서 내가 좋아
그런 나 땜에
행복해하는 사람도
많은 걸
있는 걸
그래서 내가 좋아

성공은

현자가 말했다

시기와
때는
그분만 아신다고
그럼
지금 내 할 일을
그냥
주어진 삶을
소리 없이
먼지 없이
조용하게 살면 되는 거지

그래도
꿈은 이루어져

방향만
한곳을 향하고 있다면
계속
가
가면 돼요

가스라이팅의 시발점

자유를 빼앗고
자율성을 박탈하는 일이
제일 나쁘다고 보는 건
자유의지를 주신
그분에게
정면 도전하는 거니까

무엇이 되고자 하는
체인의
처음과 끝을
잘라내는 일이
그들이 하는 일이니까

모든 것을
썩지 않게
살아 있음으로
가득하게
그게
생생한 삶에 속한
모든 것들이지

슬픈 사람에게

넌
슬픈 사람 맞는겨?
혹시
성격인겨?
징징대지 말고
웃는겨
기분 좋게
아무리 애를 써도
안되는 건 안 되는겨
그렇다면
잠시 숨 고르고
웃는겨
웃어 보는겨
어때
한번 해볼겨?

이데아

아직도 화내니?

아직도 짜증 내니?

아직 더 살아야 해
더 다듬어져야 해
바르게 화내고
그다음은 침묵
평화
안전을 도모하고
화목을 만드는
아픔의 숨결조차
느끼는

품격을 짓는
살아있음
궁전
황실 정원
휘황찬란한 타피스트리

고독

고독은
이미
친구 하기로
약속했어
더
무얼 바래

어쩌시렵니까?

그들은
악을 도모하기에
열심을 낸다
그러면 우리는
종이호랑이인가?

느끼되
일침을 가하되
제재까지는 하되
벌이 되지 않는다
너무 가볍다 약하다
그들이
악을 도모하기에
위험을 감수하는
수준에 도달하지 못한다

그래서
결국은
사슬에 매인
사자와 같아질 뿐
어쩌시렵니까?

전혀 새로운

부러운 표

그리고 흔들흔들

거리다

틀리나 맞나 옳은가 아닌가
지금까지 보지 못한 새로운 냄새
그런데

부럽기까지 하다

병

병은
누워있으면 병이고
서 있으면 병이 아니야

서야 해

가장 중요한 건

원래
거기만 전쟁이 있는 게 아냐
처처에
지진과 기근과
재난과 폭풍과
해일과 홍수가 있어

그 와중에 한가운데
전쟁이 일고
바람과 폭격과
위험이 배회한다

그걸 느껴야지
알아차리고 대비도 해야 해
깨우침이란 그런 것

너무
아름다우려고 하지 마
그냥 진실하면 돼

아가는
잘 먹고
잘 누고
잘 자면 돼

그건
어른도 마찬가지

인생에
가장 중요한 건
직립(直立)이야
신체적이든
경제적이든
정신적이든
모든 건
통하니까

치매

한 말
또 하고

치매의
시작
자기가 한 말을 몰라

안달과 느긋

누가 더 좋은 건가
안달은 안달을 하고
느긋은
느긋하고

시간은
똑같이 주어지는데

괜찮다!!

괜찬타
괜찮다!
아니
내가 보기에
안 괜찮은데
자꾸만
괜찮다고 하는 네가
너무
안쓰러워서
어쩌니
정말
괜찮게 만들어 놓고
괜찮아하는 모습을
우린
보기 원해
마음 깊이

괜찮아야 해
알지?
알지.

이별

이별을
심히 앓다

세월 가면 잊혀질까?

사랑을 보다

재채기와
사랑은
숨길 수가 없다며
예쁜 사랑 나누는
젊은이 한 쌍을
바라봅니다
그냥
바라보기만 해도
다 티가 납니다
예쁩니다
복 빌어 주고 싶은
고운 마음이 됩니다

심오

너무
심오해지려 하지 말고
너무
진지해지려 하지도 말 것을
그래서
문제가 생긴답니다

자신이 하고 싶은 일
다른 이에게
누가 되지 않게 한다면
뿌듯함 가지고
오래 일하고
시간 흘러 흘러가다 보면
질서는 자연스레 생긴답니다

머리 깨지는
심오와 진지는 거절이오
모두 인정받을 필요는
있다 하겠소
의미 없으나
의미 있으니

지극한 사랑

네 속에서

나를 느끼다

제2부

누구를 위해 살고 있나요

아이라 해도

엽서 크기는
일호
아무리 작은 1호
화폭이라 해도
자연의 스케일은
그곳에 다 담을 수 있지
아무리
어린아이라 해도
깨끗함과
기상과
포부는
숨길 수 없지
아주 작은
눈에 보이지 않을 듯한
씨앗도
그 속엔
나무와 가지와
열매와 잎들이
다 들어있는 것처럼

내 엄마

내 엄마가
우리 여섯 자녀들에게
잘
불러 주셨던 노래

하바나킬라
하바넬라
즐거운 나의 집
거룩한 천사의 음성
성문 앞 샘물 곁에로 시작하는
보리수
어여쁜 장미화
라노비아
오 맑은 태양

하학길에
담 밑에서 듣던
올겐소리도
발걸음 멈추어 서게 했던
그 자장가의 선율도

지금은
그리움으로만 남았다

우리 막냇동생이 만지고 자던
엄마의 목덜미도
턱밑 보드라운 속살도
다
그리움으로만 남는다

관심

갸는
요즘
뭐 헌디?

소문

아그에 아그에
아그 아그는
아그에 아그라서
아그 아그다

아그에 아그에 아그 아그는
아그에 아그라서 아그 아그다

당신과 함께

당신과 함께
당신과 함께
당신과 함께
여기에

내님과 함께
내님과 함께
내님과 함께
여기에

가난한 사람들

가난이 두려운
사람들
할 말이
없다

오라고
손짓을 하다가도
거리를 두다

뭔
일이래

멈칫
서다

그지 발싸개

내 엄마가
여섯 남매를
키우면서

화가 날 때
그것도 화가
정수리까지 차오를 때
하던 욕

그지 발싸개!

그보다 더 화가 나면
그때 하던 욕

그지 깽깽이 같은 소리!

내 엄마 그리울 때
생각나는 말

구성지고 찰진 목소리에
그지 발싸개

그지 깽깽이 같은 소리

모두 물렀거라!!
깃발 같은 외침

여섯 남매 지켜내신

그지 발싸개

모피코트

여성의 모피코트는
남성의 권력과 같다
원한다고 다 가질 수 없으며
거절한다고
갖지 않게 되는 것도 아니다
하나는 만질 때
보드라움에 놀라며
다른 하나는
보이지 않는 매끄러움에
놀란다

귀함

보검이
영웅에게 어울리듯

옥은
여인에게
어울리지요

연통

나쁜 공기가
연통을 통해
밖으로 나간다
난로가
차가울 때도
난로가
벌겋게 달아오를 때도
여지없이
연기는
밖으로 빠져나가지
나의 행동엔
어디가
연통인 건가
분명
연통을 느끼는데
정확히 어디인지
찾을 수가 없네
혹시
양심이 연통일까?
알람 양심은 있는데
배출 연통은
어디인 건가?

하수

하수가
하는 짓을 보며
그냥 웃었다

소인배

그 사람은
큰 사람도 아니고
찌질해 소인배지

대인!
이렇게 불리기
마땅한 사람이
얼마나 되겠어
그래도
우리는 바라지
대인배라고 불리길
그가
자신이길

시인

부정하다 하고
잘못되었다 하고
소망과
기대와
현실과
인내 등이
반짇고리 속에 들어 있다면
그 사람은
시인
시는
공든 수예품
한땀 한땀
공들여 바느질한
수

거지 왕자와 왕자 거지

어떤 이는
거지 왕자이고
어떤 사람은
왕자 거지이다

그건
여인을 대하는 태도에 달렸다
좋은 곳에서
좋은 음식을 대접할 줄 아는
그런 사람과
별스럽지 않은 곳에서
별스럽지 않은 음식을 나누는
그런 정도이다

여인들은
어떤 사람을 좋아할까
연인들은
어떤 이를 원할까

너무 인색한 사람은
기념일을 챙길 줄 모른다

몇 번씩 눈치를 줘야
겨우 못 이겨서 반응하는
정도이다
정말 치사해서
아주 더러워서
내가 사 먹고 만다 라고
호소하는 여인을
오늘도 만났다

천상 법정

천사

       사탄

사탄아! 여호와께서
    너를 책망하노라
   너는 악한
     거짓 고발자야!!

    나
    너
   서서

나라도

나라도
나라를
살펴야지

나라도
나라도
나라도
나라를
살펴야지

어르신들을 보면

어르신들을 뵈면
그들의 세월이
안쓰럽다
그들의 시간이
존경스럽다
어찌 그 모진 세월을
살아내셨는가
어찌 그 모진 세파를
견뎌내셨을까요
유복한 어르신들은
다행이다
아직 힘든 어르신들은
차마 입을 닫는다
힘 있어 힘내시고
힘없어 힘내시길
바라고 바라
바라고 바랍니다.

모두 하구

모두 하구
모두 하구
무엇도 허구
그렇게 일을 많이 해?

젊었을 때 일하자
조금씩
일하고 싶을 때 일하라
맘껏
몸 아픈 데 없으니
복이지 재산이지
하고 싶어도
못할 때가 오나니
모두하구
모두하구
무엇도 허구
얼마나 좋으냐

그랜드 슬램

그랜드 슬램을
달성하기 위해
애쓰는 사람들 칭찬해
하는 사람은 힘들겠지만
옆에서 보는 사람은
환호성이 절로 터져
그 힘든 걸 왜 해
왜 해내려는 거지?
힘들지만
기쁨이 있으니까
성취감이
모든 고생을 만회하니까
못하는 것을 해내는
목표 달성의 기쁨
축배!
산다는 건
참으로 멋진 것
그래서
찐한 포옹
멋지다!

넘어 섬

넘어서라고
넘어가라고

아빠가
아들에게
스승이 제자에게

생명 다함

그 사람 참
마디게 살았다.
생명을 다하다
전구 형광등
LED 조명처럼
생명을 다하면
서서히 사라지는 것 같이
생명을 다하다
생명이 다함은
본인이 알아
사랑하는 이들에 둘러싸여
작별 예식 치르듯
떠나갈 수 있다면
얼마나 좋을까
삶에 대한 열정이 식으면
생명력도
서서히 빛을 잃는다.
향기롭고
빛나게 살다 간 사람
음악 가득한 환송식 치르며
떠나간 사람
그리워하다
보고 싶으다

누구를 위해

원래
사람은
누군가를 위해
살게 되어있어
설사
자신은 모를지라도
지금
당신은
누구를 위해 살고 있나요

바보

조금
느리면 돼
달팽이도
제 길
간다니까요
똑같이
행복하구
똑같이
슬프다는걸
조금 늦게
알게 될 뿐

하늘이
파랗네

나의 하늘도 파랗다

취향

낡은 옷
입으면 안 돼
사람이 낡아지니까

기운 옷
입으면 안 돼
형편이 기운 것처럼
핍절해지니까

헌 옷 많이 가지고
돌아가며 입느니
좋은 옷 몇 벌 가지고
아끼며 손질하며
입는 게 품위는 있지

어떻게 할래
무엇하나 재촉하는 건 없지만
그걸 취향이라고 하겠소
그런데 넌
취향이 참
독특해.
어떤 선택을 할지
참 기대되는 바이요

한밤중

어느 집에서
누룽지를 끓이나 보다
구수한 냄새가
한밤중에
안 어울리는 듯
어울린다
한밤중에 구수함이란
오랜만에 만나는
반가운 친구마냥
낯익고 새롭다.
입에서는
침이 나오고
코는 벌룽벌룽

어느 집에서
누룽지를 끓이나
그것도
한밤중에

제3부

함께 만날 생각에 너무 좋아서

재산

견고한 갑옷
이라는
착각

미안해
견고한 갑옷을
장만하고
입혀주지 못해서

동작

동작으로
말하는 것을
지문이라고 해
아이도 자기의 동작으로
정직한 여부와
청결한 품행을
나타낼 수 있지
의사는
아픈지 말하지 않아도
동작으로 어디 아픈지가
눈에 들어와
꼭 말로만
말하는 게 아니야
말 말고
다른 표현이
동작이지
세상살이는
말로 말하는 것과
말 아닌 말로 표현하는 것
그게 섞인 게야
그걸 잘 들어야 해
그걸 잘 보아야 해

너와 나

너는 너여서 좋으니
나는 나여서 좋다.
그래서
우리

바른 길

이 세상에
오야 오야
네 네 만
필요한 게 아니라
정의와
공의를 위해
나라를 위해
안돼! 도 필요하지
어찌 필요한 대로
자기 이익을 위해만
흘러가게 두겠어

순한 양과
단호한 임금님과
양심이 살아 움직이는
그곳에
옳음이
바른길이
세워지는 거지
반듯한 살아있음이 있지

삶의 이유

너 아니면 안 되겠니?
아니
나 아니어도
다른 이도 대체 가능해.
그러면
왜들 모두 자기가 아니면
안된다고
우기고
착각하는 걸까
그렇게도
잘하고 싶은 건가
잘하고 싶은 맘
내려놓고
그저
주어지는 대로
순순히 살아가면
될 듯싶은데
왜 그렇게들
악착을 떠는 걸까
그게
삶에 이유라면서

발톱깎기

돋보기 안경 쓰고
전기장판 위에
보자기 펼치고 앉아
발톱을 깎는다

조용히 흐르는
클래식 음악에
마음이 평온하다
행복감이 밀려온다
딱!
탁!
스스로 발톱을 깎지 못하면
치매의 시작이라나

깎고 싶을 때
스스로 발을 만지고
발톱을 다듬을 수 있는 행복
나름 자유

어느새
발톱과 굳은살도 다

깎았다
음악은 계속 흐르고
보자기 꿍쳐서
밖에다
털고 와야겠다

일어서다

가난이 아프다

가난이
어떻게 미덕이 돼
그건
많은 이들을 슬프게 하고
신경 쓰이게 하는 건데
자기 자신만이라도
돌볼 수 있는 능력이 돼야
적어도
산다고
할 수 있는 거지

가난은 결코
미덕이 되지 못해
본인도
괴롭고
불편하고
아픈 거잖아
그래서
가난은
아픈 거야

흔쾌

가장 아름다운 단어
흔쾌
천국의 단어
흔쾌
평생 그리 살고 싶은 마음
흔쾌

명절

잃어버린 가족을
멀리 있는 친척을
왜
찾느냐 하면
명절에 떡국
같이 먹으려고요
그래서
명절
그래서
가족
코끝이 벌써
신호를 보내오네요
너무 좋아서 함께
만날 생각에

틱쿤올람

내가 온 세상보다
내가 간 세상이
조금 더
좋아질 수 있다면
틱쿤올람
무엇으로
연구 공부 직접 동아리로
아니
발명품 살림 미소 아름다움
예술 작품 그림 음악 사랑
순수함으로
야무진 삶으로

그곳을 향해

변화하지 않으면
죽는다 했어
변화해야지

허물을 벗든
고치가 되든
날개를 달고
나비가 되든
변화해야지

세포분열을 해야지
건강한 세포로
활력 넘치게
모두
변화를 바라잖아

머무르면
그날이 그날이지
최소한
떠나기라도 해야지
그래야

새로운 태양도 보고
새로운 경치도 보고
새 공기도 마시지
너무
오래 머무르려 하지 마
떠나야지
그곳을 향해

딱지

피부가 아프다
벌레에 물렸나
벌겋게 되었다
그곳을 벅벅 긁는다

다시 아프다
약을 바른다
그리고 손톱으로 누른 후
참는다
가려워도 참고
아파도 참고

시간 흘러
딱지가 앉았다
목욕통에 들어앉아
이태리 타올로(때수건으로)
북북 문질렀다

다시
고운 피부가 되었음으로
아프지가 않다

피부가 다시
원래의 모습이 되었다
딱지는 어디로 갔나

외로운 날에

방문하는 거
좋은데
방문객으로 올 거야
친구로 올 거야
누구나
오셔요
그러나

간식

심심하고

짬짬하고

허전해서

세월

책 속에
들어있는 사진을 보고
어!
나 이 사람 아는데
책 건네준 그 사람은
모르겠네
책 속에 사진은
내가 잘
아는 사람인걸
아무리 맞추어 보려 해도
따로 노는 건
어쩐답니까?
본인이 맞다는데
아닌 것 같은 착각이
맴
맴
맴을 돈다
그 사이에
이리도 많은
시간이 흐른 겐가

시간

네
시간을
경작하라

시간을 건져 올려라!!

머무름

너무
머물러 있구나
변함이 없이
시도도 안 하네
그저 현상 유지
머무름이
익숙지 않는 사람은
지겨워질 것을 알아
머무름이 좋은 사람은
향수를 느껴
어느 것이 좋은지는
본인만 알 듯
머무름이
식상해질 것을 미리 알아
내쫓는 거지
섭섭하나 나아가라고
시도하고 앞으로 가라고
등 떠미는 거지
나가라고
비워 달라고

차례상

차례를 지키세요
기다릴 줄도 알아야 해요
질서를 지켜야지요
우리의 조상님들이
차례차례
오셨다 가셨음을
곰비곰비 느끼게 해주는
차례상
설날 아침에
차례상을
마주하다

새로운 문화

지축을 울리는
싸이드 카
오토바이 바이카
시동 거는 소리
윙윙
웅웅
트륵 트륵
티이잉~~
요란한 소리와 함께
모두 자리에서 일어나
시동을 건다
족히 오십 대는 되겠다

일제히 먼 길 떠날
채비를 한다
목적지를 향해
양껏 폼을 냈다
장비 완전 장착
폼나게
체격 작은
카랑카랑한

여자 목소리가
웅장한 남자 목소리와 함께
그 많은 오토바이 부대를
진두지휘한다
위윙~~
위위잉~
한 대씩 떠나간다

연이어 들린다
부응
트와~~

둘이라면

우리 둘이라면
뭐든지 해낼 수 있을 것 같았다
강
산
다 꿰고 있었다
그니는

이름

힌트는 에미 이름
힌트
뻬르뻬르는 에비 이름
뻬르뻬르
완장
겸장
노장
깜장이는
네 마리 새끼들

우리 집 고양이 이름

힘

힘이 없니?
힘은
찬양하면 생겨
왜냐하면
힘은 Hymm이고
Hymm은 찬양이니까
이런
놀라운 비밀은
깨닫는 자만
깨달아

나는 힘이 없어
라고 하지 말고 그간
나는 찬양을 못 했어
라고 말해야
지혜로운 사람이지

힘이 없으면
작은 목소리라도
찬양을 해봐
힘이 생겨
힘이
생긴다니까

눈곱

오늘도 여전히 신기하고
오늘도 어김없이 신기한 건
눈곱
어찌 몸에서
돌덩이가 나올 수 있단 말인가
신기한
눈곱
그것도 매일
모래알

대치

버리라는 딸과
못 버린다는 엄마가
대치를 한다

버리라는 동생들과
못 버린다는 큰 언니가
대치를 한다

모두 뜻이 있으련만
보기에 좋았다더라
실낱같은 의미가
대치를 한다

종당엔
다 버려야 할 것들을
재촉함과
기다릴까를 묻는
그 사이가
대치를 한다

팽팽하다
이기고 지는 것이 없는
오랜
대치가 된다

도움

도움은 주는 것
빌려주는 것이 아니고
돌려받으려 하지도
않는 것
돌아서서
잊는 것
세상 흐뭇함

제4부

찬란한 빛들의 잔치

연탄난로

등받이 없는 의자에
뒤돌아 앉아 있으면
허리 지지는데
최고야
뜨끈허니
시원하기까지 해
연통은 어떻고
시린 손 녹이기엔
최고지
호일에 감긴 감자 몇 알은
짬짬한 간식거리로
최고라니까
연탄난로 위에 올려진
펄펄 끓는
보리차 주전자는
어떤지 알아
구수한
노래를 불러

자꾸만 물은

물은 평평함의 근원이고
불은 수직으로 상승하지
위로 오르려는
성장의 기운들을
젊음이라고 하지

이 모든 것들의 소용돌이를
세상살이라 하고
그 소용돌이는
골짜기를 만들지
아픔
고난
좌절
연민
그리고 종당엔(결국은)
겸손까지

물은
자꾸만
낮은 곳으로 흐르려 한다

종이

더 멀리
날아가기 위해
잘
구겨지고 있는 중
지금은
구겨지는 고통을
인내하는 중
던져지기 위해

영혼

사람에겐
영혼이 있지
그게
그분이 주신
등불이야요
등불이 켜지면
주위가 밝아져요
촛불은
등불의 친구
촛불은 밝아지려고
애쓰지 않아요
그냥
밝아요
촛불이 모이면
더욱 밝아
등불이 모이면
더더욱 밝아져요

빛으로
그득해지지
고요하지 그윽하지

별

아이는 하늘에 가면
별이 되는 걸까
젊은이는 먼저 가면
빛난 별이 되는 걸까
오늘 밤은
유난히
별들이 반짝인다
먼저 간
내 어린 조카와
착하고 아깝다던
내 친구들이
보고 싶구나
오늘 밤은
이른 별과
늦은 별이
동시에 반짝여서
내 가슴 깊이
들어와 박히는구나
이 밤
하늘이 너무 아름다워서
일찍 잠들기는
힘들 것 같다

이어도

죽어서 가는 곳
밤바다
길을 잃은 공포
밤바다
어디로 갈지
비극
그곳은
구원의 시작
함축된 염원
이어도

밥 냄새

아침
이부자리에서 맡는
밥 냄새
너무 좋아요
밥솥에서 나는
밥 냄새인데
왜 이리 사람을
행복하게 할까요
얼른
일어나야지

연유

유리창이 운다
눈물을 주루룩 흘리면서
왜지

창틀은
땀을 삐질삐질 흘린다
어떤 연유로 우나
물어보고 싶구나
얼굴 가까이 대고

창틀은 땀을 삐질삐질 흘리고
창유리 넌 눈물을 주루룩 흘리는데
왜
그러는 게냐?

내 귀에다 살짝
말해주면
안 되겠냐?

그슬린 나무토막

타다남은 나무토막은
불에서 꺼낸
그슬린 나무토막은
시커멓지
불 속에서도
살아남았지
화기 열기
시간과 함께
뜨거운 불이 지나갔구요
심한 화상이 온몸에
상처로 남았네요
허나 다음
불 피우기 좋아요
불쏘시개로 최고여요
불을 알기에
시커먼
숯을 알기에
시커멓지
벌겋게 되기를 뜨겁게 타기를
고대해요
그슬린 나무토막은

아름다운 것들

모든 아름다운 것들에게는
날개가 있다
나비
잠자리
매미
천사
비행기
우주선
책 그리고
생리대

프리즘과 빛

빛은
언제나 직진이었어

저만 모른 거지
네가 있어
빛이 막혔던 거였어

빛이
굴절을 일으키거나
확장을 일으킨 건
네 눈의 렌즈로 인해
빛의 확산을 일으킨 거지
다
너에게
달렸어

기왕이면
프리즘을 통과하는
아름다운 빛이었으면 좋겠어
찬란한 빛들의 잔치
말야

대나무

삶의 마디에
매듭 지어지다

유연하다
어떤 비바람 폭풍에도
흔들리나
부러지지 아니하다

대나무 숲속에서
하늘 향해 쭉 뻗은
그들의 위상을 보다
바람 불면
대나무 잎들의
두런두런 스스스-윽스
말소리…

대화 소리가 시작된다
서로 의견을 나누는
상생의 소리

귀밑머리 송사처럼
세계를 깨우는
서로가 서로에게 하는 말

정직하라

꽃

피다 만
떨어진
꺾여진
품에 안긴
씨앗이 맺힌 꽃

그럼에도 불구하고
아름다운
활짝 핀
봉오리 맺힌
피려고 막 물먹은
이슬 맺힌
향기를 뿜는
비를 흠뻑 맞은 꽃

주전자

난로 위에 놓인
설설 끓는
주전자의 노랫소리를
들어본 적 있으신가요

얼마나 경쾌한지
얼마나 귀여운지
뭐라고 무어라고
하는 말이
얼마나 달콤한지
우울요?
그 노랫소리 들어보세요
그 하는 말 들어보세요
우울할 새가 없지
우울할 틈이 없지

겨울의 노래
겨울의 드라마
가득 퍼져 울려 퍼져
온 세상
즐겁게
향긋하게 하는데

빗소리

어제의 비가
오늘도
내리니

오늘은
그치면 좋으련만
지붕에 떨어지는
빗방울 소리가
지금도 들리는구나

눈은 떴으나
아침 자리에서
어제의
빗소리를
다시 듣다

세상을 아름답게

詩는
결국
세상을
아름답게 하는 것이니

그저
스치는 말이라 해도
그로 인해
세상이
아름다워질 수 있다면

사색

황포돛배
각자의 삶이라는 배
너는 너를 사세요
나는 나를 살 터이니
그리 미움의 골이
깊은 줄 몰랐어요
질식한 얼굴의 빛깔

고라니

고라니가
뒷산에서 울다
추운 겨울밤
제짝이 어디 있나
부르는 소리
목마름을 격한
아우성으로 표현하는구나
서서히
멀어져 가는
아우!
카우~~!
콰악!
밤
1시가 넘은
이 밤에
어서
찾아내거라
갈증을 채우려마

풀

잘려 나가도
나고 또
잘려 나가도
난다
풀은
계속 자란다
필요 없다고
필요 없다고 해도
들은 체도 안 한다
풀은

하늘을 나는 새

그저
제 삶에
충실한 게야

어디로 가는지
무얼 보는지
알려고 하지 마

저 우아한 날갯짓이
잘 살고 있다고
말하잖아
잘 살아가고 있다고

사과

사과가
향기로워서
참으로 행복하다

이빨로 한 입
꽉! 베어 물면
달콤새콤한 물이
톡! 터지며
입안 전체로 흘러든다

빨간 껍질과
우윳빛 속살은
눈 또한
즐겁게 하는구나야

사과 넌
어디로부터 왔니?

태고에도
사과는 있었다만
그런데도 지금

내 뱃속과
입과 눈을
즐겁게 하는구나야!

매미의 노래

7년을
땅속에 있다가
나뭇가지에 올라앉아
노래하는 게
가벼운 내용일까?
중요한 무언가가
있지 싶었는데
그건 바로 이거였어

매미가 노래함은
마음이었지
마음
마음
마음
마음
맴
맴
맴
맴
노래하고 있었어

마음이 중요하니
마음 나누며 살라고
그게 행복하게 사는
지름길이라고
노래한 거지
매미는 목청높여
마음을 노래하다

산

산이

산인 것은

산 것이 많아서

죽어도

다시 산 것이 많아서

살 것

산 것의 총 집합인
산 것의 총 집합일

산

제5부

마음 근육을 키우다

지극한 사치

너의 그
까다로움을
채워줄 수 있는 여력은
축복이다

전쟁과
홍수가 웬 말이냐
그
까다로움이
천 명의 목숨과
바꿀 수 있다면
백 명의 목숨과
바꿔야 한다면
아니 열 명
아니 한 명의
목숨과 나누어야 한다면
너의 그
까다로움이
견딜 수 있겠느냐
지극한 사치임을
아느냐
넌

친구

임윤찬과
친구 한재민이
들려주는

하나님의 은혜
라흐마니노프 그리고 쇼팽
피아노와
첼로의
앙상블

너무나 아름다워서
친구란
저렇게
아름다운 거지 싶다
빠름과 느림의 절묘함
셈과 여림의 긴장감
앞서거니 뒤서거니 나누는 대화

더 무슨 말이 필요하겠나
더 듣고 싶고
더 듣게 만드는 연주들

피아노와 첼로가 이렇게
아름다울 수 있구나!!
전율을 느끼는 날에

둘의
우정이
영원하길 바라요

한 사람을 위해
많은 사람들을 향해
세계인들을 향하여
울려 퍼지다

여운이 길게 남다

눈

눈을 봅니다

시인이
언어의 마술사다운
단어를 찾기 위해
몇 날 몇 밤을
밤샘하며
우수 근심에
마음 졸였으나
눈이 말을 합니다

매일매일
눈을 들여다봅니다
세상을 담고 있는 눈
자기 안에 있는 모든 것이
눈 속에 담겨 있으니
눈을 맞춥니다

눈동자의 색깔과
양미간의 주름까지

눈을 들여다보면
눈이 말을 합니다

그래서
언제입니까?
그 사람의 눈을 들여다본 때가
그 사람의 마음을
헤아려 본 지가

시를 짓다

삶에서

시를
자아올려
누에고치에서
비단실을 만들어 내듯
삼나무에서
가는
베실이 나오듯
머릿속에 어떤 것도
상상 속에 어떤 곳도
아니지
그냥 살아가는 게
그곳에서 들어 올리는 게
시지
시어이지
시와 집은
짓는 게 맞아요

기적

신은
기적을 만들기 전
인간에게
물어보신다
의지와
소망이 있는지를
간절한
바람이 있는가를
그 간절함이
저울추에 올려져 있다

아마추어 냄새

재즈바에 앉아서
음악을 듣듯
인터넷에서 흐르는 음악이
피아노 멜로디가
프로가 아니라
아마추어 냄새가
팍팍 난다 그래도
꿋꿋이 치는 선율이
약간은 슬프기도
약간은 가상하기도 한 것은
생계를 위해서
저 피아노를 계속 치고 있는 거라면
응원을 해줘야 하지 않을까
엉터리인데
엉터리인 줄 알면서
넘어가 주는 건
스카프라도 집어 던져야 하나
그건 그럴 수 없지
조용히 듣고
시간의 흐름에 따라
넘기면 될 것을

굳이 지적질을 할 필요는 없지
허나
이 공간에
이 시간엔
음악이 필요하다
그래서인가
살짝은 거북하고
살짝은 흐뭇하다

창작의 산실

잘 산다는 것은
마주 대하는 시간을
진하게 갖는다는 것
피하지 말고
곁눈질하지 말고
기념일을 잘 챙길 수 있고
독대를 즐거움으로 맞는
그런
이곳이
나의
산실이야
큰 거울이 있는 곳

매진

난 저들이 좋아
지혜의 뭉뚱거림이 좋아
팍팍 튀는
예지의 번득임이 좋아
토론하고
반론하고

나름의 가설을 세워
반성도 하고
이론도 내세우는
그들이 좋아
나름
삶의 흔적과
지혜의 번득임이
앞에 있는 사람에게
영감을 줘서 좋아
모두
매진한다
잘 살기 위해
몸부림을 친다
그래서 난
그들이 좋아

즉흥시

즉흥시로
대화를 나누는
멋스러움을

옛
군자들은
알고
누려왔다

시 한 수 읊어 주소

작금은
어디에서 이어지고 있나

두리번거리다

시안고

시가
안 써진다고
고민하는 사람들의 모임

詩

말이 사원처럼 되려면
고민해야지
숙성돼야지
향기로와야지
유익이 되면 더욱 좋지

여럿이서

난
언어를 가지고 노는 게
좋아
그래서
시인이 되었나?

시 한 편을 읽고
상황에 얽힌
얘기를 나누는 게
난
너무 좋아
그래서 스토리텔링을
나누나?

난
사람들이 좋고
그들이
조곤조곤하는 말이면
더욱 좋아
잘 듣고
반응하는 모습이

너무 예쁜걸
세상 모든 사람들이
그리 살았으면
해.
여럿이서

시의 제목

내가 쓴
시의 제목이
그 유명한 시인의
책 제목이어서
너무 놀랐던 날

같은 제목을 쓴 일이
왠지
황송하여서
은근히 내 시를
다시 읽어보게 되었다

내용은 다르지만
같은 제목이라는 것만으로도
죄송스러움이 사라지지 않으니
글 한 줄
제목 하나
더욱 신중하지 않을 수가
없구나

알맞은 낱말을 찾으려
몇 날을 끙끙대고
몇 줄 몇 마디가
맘에 들지 않아
몇 번을 다시 쓰는 수고로움이
싫지 않아

그래도
송구한 마음은
그대로 남아 있어
가시지를 않는구나
묵례를 올리듯
더욱
겸허한 마음이 되다

작품 앞에서

작품은
작품으로 유효할 뿐
읽고
잊으면 된다
가슴에 사무치거나
충격
영향으로
가슴 아릴 필요
없지 느끼고
흘러가면 그뿐
그림도 역시
시나
소설도 마찬가지 일지니
옛일을
지나간 옛일을
가슴에 담아두는 건
어리석은 일
작품 앞에서 느낌은
어떠신가요 지금
무얼
생각하시나요

황혼의 놀이

논다
그러나 멋스럽게 논다
다 해보고
다 결론 내고
짧게 남은 시간
향기롭게 격조 높게
즐긴다 삶을
논다
멋지게 놀다 가려구
멋진 마당
대령이요~~~!!

빈티지 가게

압구정 골목 끝에 자리 잡은
빈티지 가게
들러서
옷 몇 벌을 산다
백화점엔 못 가고
백화점 옆
철 지난 옷을 파는
사계절 옷이 있는
나름 멋스러운
곳이긴 하다
다시는
들르지 말아야지 하고
또 들르게 되는
묘한 매력을 가진
가게이다
뚱뚱한 가게 주인은
복성덕성스럽게 생겼다
가끔
점심을 나눌 줄 아는
후덕한 주인장이다
오늘도

몇몇 손님들이 들러
관리비 낼 정도의
매상을 올려 준다
환한 미소가 정겹다
나름
멋쟁이들이 들르는
그런 곳이다

세금 내게 해 줘서 고마워
늘 하는 말이
나쁘지 않다
서둘러 그곳을 나와
종종걸음으로
제 갈 길
간다.
모두 바쁘다

식탁

식탁 위에
册들이 놓여 있다
식탁에선
밥도 먹고
책도 먹는다
하늘 양식을 먹는다 했을 땐
도무지 모르겠더니
식탁 위에 놓인
册들을 보는 순간
이 새벽에
오롯이 전해져 오는
뿌듯함
그래
생명이 유지되는 한
빵도
밥도 먹고
양식을 먹듯
册도 먹어야지
지혜도 먹어야지

숙제

산산조각 난 꿈을
이어 붙이다
울면서도
해야 할 일을 하는 사람
쫓기면서도
숙제는 해야지
희망이 가능한 사람
오롯이 앞으로
나아가는 사람
남이 나를 길들이려 할 때
아니요! 라고
말하다 그리하여
마음 근육을 키우다

운동

운동은
관절에
기름 치는 것이오

즐거운 마음으로
괴롭힘으로
움직임으로

아침햇살

오늘도
시어(詩語)로
가슴을 끙끙 앓다가
동창이 밝아 오다
새벽을 길러 온
아침 햇살이
커피 한 잔 마시자고
조른다.
흔쾌히
그러자고
끄덕이다.
일어서서
찻물을 올리다

터득

경기 속에선
사이클도
스키처럼 타면 돼
슬로프에 양옆을 점찍고
가장 짧은 구간을
점과 점으로 직선을 그어
그 선 따라 질주하면
가장 빠른
직선거리가 나와 버려
그게 요령이야
실력이지
경기에 무슨
요령이 필요하겠어
그런데
실력에도 요령은
필요해. 그건
뛰어 본 자만
알아. 아무도
설명해 주진 않아
그걸 보고 스스로
터득이라고 해

사색 쇼핑

의학 용어
경제 용어
심리학 용어

알고
배우고
입력하고

온통
사색 쇼핑으로
세월을
다
소비하다

그런데
뭐
남아있는
이 허전함은
뭔데

꿈

기를 쓰고
하다
좋아서

결국엔
이뤄내다

집

안에

담다

다시 담다

또 담다

문학세계대표작가선 1056

시간의 경작

이기행 시집

인쇄 1판 1쇄   2025년 8월 22일
발행 1판 1쇄   2025년 8월 29일

지 은 이 : 이기행
펴 낸 이 : 김천우
펴 낸 곳 : **문학세계** 출판부 / 도서출판 **천우**
등   록 : 1992. 2. 15. 제1-1307호
주   소 : 서울시 광진구 구의강변로 85 강우빌딩 7F
전   화 : 02)2298-7661
팩   스 : 02)2298-7665
http://cafe.naver.com/chunwu777
E-mail : cw7661@naver.com

ⓒ 이기행, 2025.

값 18,000원

* 도서출판 천우와 저자의 서면 동의 없는 무단 전재 및 복제를 금합니다.
* 저자와의 협의에 따라 인지는 생략합니다.

ISBN 978-89-7954-963-8